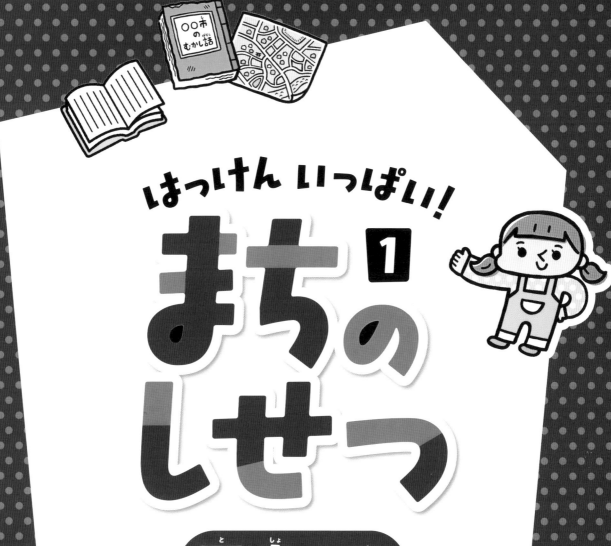

はっけん いっぱい！

まちのしせつ ①

図書かん

監修：國學院大學教授 田村 学

はじめに

みんながくらすまちには、どんなしせつがあるかな？

図書かん、じどうかん、電車やえき、バス、公園……。

いろいろなしせつがあるよね。

まちのしせつや、そこではたらいている人は、

まちのみんなの毎日をささえてくれているんだよ。

「なぜ？」「どうやって？」

それをはっけんするために、さあ、まちへ出かけてみよう！

いっしょにたんけんするのは……

まちの
いろいろなしせつに
行ってみよう！

どんな
はっけんが
あるかな？

ハルト　　**サクラ**

この本ではこんなふうにたんけんするよ！

> 1回目のたんけん

▼

ふりかえり・2回目のたんけんのじゅんび

▼

> 2回目のたんけん

▼

しせつについてわかったことのまとめ

しせつに行くときのちゅうい

1 しせつのルールはかならずまもってね。

2 しせつの人に話を聞くときは、はじめと
おわりに、あいさつをきちんとしよう。

3 パソコンやタブレットをつかうときは、
りょう手でしっかりもとう。

4 パソコンやタブレットは、つかいおわっ
たらきれいにふこう。

もくじ

先生・おうちの方へ

　この本は、小学校の生活科で行われるまち探検や、施設見学の事前・事後学習に役立つように、実際に施設を取材してまとめました。

　まち探検や施設見学は、子どもたちが公共施設の意義を理解することや、町に暮らす人々への興味を促すことを目的としていますが、その目的をどの子どもたちにも実現できるように、この本はさまざまな工夫をこらしています。

　施設の様子を写真やイラストで具体的に見ることができ、見学前後の子どもたちの気づきや発見、話し合いの様子はマンガで楽しむことができます。また、子どもたちが自ら考えるきっかけになるような問いかけが、紙面のいたるところに用意されています。

タブレット等を通すと、紙面から動画へ展開し、映像で施設の特徴をとらえられることも大きなポイントです。

　生活科は、自立し、生活を豊かにしていくための力を育成していく教科です。子どもたちが社会に出たときに、何ができるようになるか。生活科での学びを実際の暮らしにいかし、よりよい生活を想像していくことが期待されています。

　まち探検や施設見学の学習活動を通して、一人一人の子どもが大きく成長するとともに、夢や希望を抱きつつ、日々の生活を送っていく姿を願っています。

國學院大學教授　田村 学

この本のつかいかた

マークに注目してね!

図書かんでは、どんなしごとがあるのかな?

図書かんには、どんな人が来るのかしら?

どんなにおいがする?どんな音が聞こえる?

ぼくらのなかまだよ!

はてなしば

「はてな?」って、といかけるのがくせ。みんなもいっしょに考えてみよう!

ねえねえプードル

ふしぎに思ったことを話しかけてくるよ。考えるきっかけをくれるんだ。

動画ブル

動画が見られるところにいつもいるよ。そばにあるQRコードに注目!

▲ QRコード

しせつのようすがよくわかる!

4

動画を楽しむために

インターネットがつながる ところで見てね！

インターネットをつかうために
りょう金がかかる場合があるので
注意しよう。

音が出てもだいじょうぶか、 まわりをたしかめてね！

動画からは音楽や声がながれるよ。
音が出せない場所で見る場合は、
音が出ないせっていにしてね。

パソコンや
タブレット、
スマートフォンを
じゅんび！

QRコードの読みとりかた

1 本をたいらなところにおく。

明るいところに
おこうね！

2 パソコンやタブレット、スマートフォン のカメラのマークをタップする。

手はきれいに
あらってから
つかおう！

3 QRコードを読みとってやさしく タップする。

読みとりにくいときは、
カメラを近づけたり
はなしたりしてみよう。

4 動画の再生ボタンをタップする。

再生ボタン

まちの図書かんってどんなところ？

みんなは、まちの図書かんって行ったことあるかな？
どんなところか、ハルトやサクラといっしょに考えてみよう！

まちの図書かんへようこそ！

まちの図書かんには、どんなはっけんがあるかな？
びっくりしたこと、ふしぎに思ったことはあるかな？

動画もチェック！

図書かんには、どんな人が来るのかしら？

いろいろな人が来ているね！

本がいっぱい！

動画もチェック！

9

？ いきなりはっけん！

図書かんで見つけたこと、ふしぎに思ったことをあつめたよ！

本がいっぱいだ！

たなの高さがちがう？

この本だなは
とてもひくい！

このきかい、何だろう！

メモを
とっておこう！

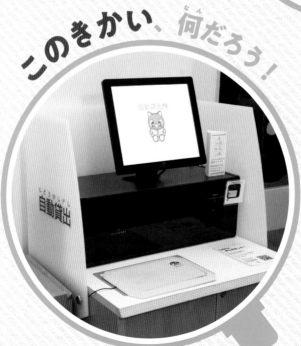

図かんやじてんもあった！

図書かんの人は、何しているの？

いろいろな人が来ている！

つくえやいすがいっぱい！

何のへやかな？

動画やしゃしんも
とっておこう！

よ〜く、
見てみると……

⚠ しゃしんや動画をとるときは、まずは図書かんの人にことわろう。

わかったよ!

よく見たり、つかってみたりしたら、わかったことがいっぱいあったよ!

図書かんのおくにまで本があったよ!

動画もチェック!

ほかにも、本だなに出ていない本が、たくさんあるんだって!

本だなの高さがつかう人に合っているんだ!

子どもむけの本は、ひくいたなに入っていたよ!

じどうかし出しきだ!

動画もチェック!

カウンターに行かなくても本をかりられるんだ!

はてな?

図書かんの本は何さつくらいあるのかな?

カウンターで本をかりる手つづきをしてくれていた！

本だなを整理しているところも見たよ。

まだまだ気になることがあるなあ！

ここで本を読んでもいいんだ！

しらべものやべんきょうをしている人もたくさんいたよ。

しゃしんや動画は近づいたりはなれたりしてとってみよう！

イベントをひらくへやなんだ！

図書かんって、本をかし出すだけじゃないんだね。

ねぇねぇ

図書かんではどんなイベントがあるのかな？

まちの図書かんのこと、もっと知りたい！

図書かんでとったしゃしんや動画を見せあいながら、
見つけたことを話しあったよ！

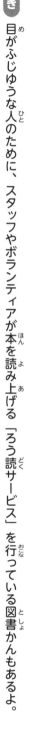

目がふじゆうな人のために、スタッフやボランティアが本を読み上げる「ろう読サービス」を行っている図書かんもあるよ。

べんきょうするところとか、イベントをひらくところとか、いろいろあるのよ！

それって学校の図書かんでもあるの？学校図書かんと、まちの図書かんってどこがちがうの？

え。。。

それはわからな〜い！

やっぱり……

それなら、

もう1回、図書かんへ行って、はたらいている人に話を聞こうよ！

よし！

図書かんの人に聞くことをまとめるわ!!

できた!!

スルスルスル

いらないしつもんもあるよね!?

・しゅみは？
・図書かんに入る本はだれがきめるの？
・すきなどうぶつは？
・朝にすることは？
・すきな食べものは？

わかったことや、聞きたいことを整理しようよ。

わかったこと｜聞きたいこと

ポイッ

どっか…

さぁもういちど図書かんへGO!

図書かん

がんばるぞ！

メモ

教えてください！ はたらく人に インタビュー①

図書かんではたらいている人に、図書かんのことを聞いてみよう！
まずは、図書かんのかん長さんに教えてもらったよ。

かん長さん

千葉県八千代市
TRC八千代中央図書館
八木敏仁さん

Q1 まちの図書かんには、
どれくらいの本があるんですか？

A1 図書かんによって本の数はちがいますが、TRC八千代中央図書かんでは、20万さつくらいの本があります。本だなに出さないでほかんしてある本も、たくさんありますよ。

はてな？ たくさんの本を、どうやって
整理しているのかな？

ふむふむ！

Q2 図書かんに入る本は、
だれがきめるんですか？

A2 うちの図書かんでは、司書やはたらいているスタッフできめています。利用するまちの人たちがおもしろいとかんじたり、ためになったと思ったりしてもらえる本をあつめるようにしています。

そのために、よの中のニュースや本やさんの売り場をチェックしたりしていますよ。

利用するみなさんの声を聞くことも大事です。読みたい本があれば、ぜひリクエストしてくださいね。

動画もチェック！

話だいのテーマやニュースを、新聞でチェックするかん長さん。

Q3 図書かんをつかうとき、気をつけることはありますか？

A3　まちの図書かんや図書かんにある本は、まちのみなさんのものです。自分だけではなく、みんなのものと思ってつかいましょうね。

　また、図書かんの中では、走り回ったり、大きな声を出したりしないように気をつけましょう。

　図書かん内で読んだ本は、読みおわったらもとの場所にもどしてくださいね。本がべつのところにいってしまうと、本はまいごになって、つぎに読みたい人がこまってしまいます。

図書かんではたらく人は、利用する人がさがしやすいように、本だなにいつも目をくばるんだ。

Q4 図書かんではどんなイベントがあるんですか？

A4　わたしたちの図書かんでは、子どもから大人まで楽しめる、さまざまなイベントがありますよ。子どもむけだと、図書かんツアー、お話会、なぞときイベント、えい画の上えい会、プログラミング教室などがあります。そのほかにも、大人むけのヨガ教室などもあるんですよ。

　まちの人が図書かんに来たくなるように、わたしたちスタッフはいつも考えています。

かん長さんは、利用する人の声を聞くことを大事にしているよ。

みんなのまちの図書かんではどんなイベントがある？

つぎは司書さんのお話を聞こう！

司書さんってどんな人だろう？

教えてください！
はたらく人にインタビュー②

図書かんで、本のかんりや、利用する人のお手つだいをする人を
「司書」っていうんだって。司書さんにお話を聞いてみよう！

司書さん

千葉県八千代市
TRC八千代中央図書館
渡辺照美さん

司書さんって、学校
図書かんにもいるのかな？

「本を読む楽しさを、ぜひ図書かんであじわってください」と司書さんは話してくれたよ。

 Q1 司書さんって
どんなしごとですか？

 A1 本をかりる人、かえしたい人のためにお手つだいをしたり、本だなの本やしりょうを整理したり、また本についてのそうだんにのったりするしごとをしています。本について知りたいこと、しらべたいことがあったら、司書に声をかけてみてくださいね。

 Q2 なぜ司書さんになったんですか？

 A2 本が大すきで、本にかかわるしごとがしたかったからです。
まちの図書かんには、小さな子どもからお年よりまで、いろいろな人が来ます。読みたい本、しらべたいことは人それぞれちがいますが、一人でも多くの人が「図書かんに来てよかった」「やくに立った」と思ってもらえるように、司書たちはいつも本についてべんきょうしたり、じょうほうをあつめたりしています。

は～い！

Q3 知りたいことのしらべかたが わからないときは、どうしたらいいですか?

A3 そんなときは、「レファレンス」という、そうだんコーナーをつかってください。レファレンスでは、図書かんに来るみなさんの、本をさがすお手つだいをしています。気がるに聞いてくださいね。

たとえば「おいしいスイーツをつくれる本を知りたい」などでもいいんですよ。それがクッキーなのか、つめたいデザートなのか、かける時間や食べる人などを聞いて、一番合っている本をおすすめできるようにがんばっています。

そうだんにのる司書さん。パソコンで本をさがして、あんないしている。

Q4 かりた本がいたんでしまったら どうしたらいいですか?

A4 かりた本は大事にあつかってくださいね。もし、本のページがやぶけたり、ぬけおちそうになったりしていたら、かえすときに教えてください。わたしたちが、せん用のテープやのりで直しますよ。

自分でテープではるなどして直そうとすると、かえって本がいたんでしまうこともあります。

たよりに なるー♪

どんなふうにあつかえば **本が長もちするのかな?**

本のしゅう理も、司書さんの大切なしごとのひとつ。

本をかりて みたく なりました!

では、つぎの ページを見てね!

かりる本を見つけよう！

まずは、けんさくきをつかって、かりたい本がおいてあるたなを見つけよう！

けんさくきでさがしてみよう

本のタイトルを入れてね。

かりたい本がきまっているとき

読みたい本があるよ！インターネットで見つけたんだ。

本をかりるためには、利用けんがひつようだよ。もっていない場合は、カウンターでつくろう！

利用券
名前 中央図書館
5000108-0 八千代市立図書館

所在確認票

タイトル	どうぶつのからだこれ、なあに？
著者名	寺島忠明／監修
出版者	ポプラ社
出版年	2017.4
定価	2850
ページ	47p
大きさ	27cm
シリーズ名	
ISBN	978-4-591-15343-7
請求番号	*B12347534*

所蔵館	中央
排架場所	児童
請求記号	481／ド／1
状態	貸出可能

中央図書館 2021/10/11 18:02

その本が入っている、本だなの場所が書かれた紙が出てくるよ。

排架場所	児童
請求記号	481／ド／1

じどう書コーナーの 481 をさがそう！

タイトルがぜんぶわからなくてもしらべられるんだって！

図書かんのたつ人になるコツ！

図書かんに入ったら、さわいだり、大きな声を出したりしないよ。

かん内図を見る

481に近い数字がかかれた本だなをさがそう。

480〜489

この数字に注目しよう。

本だなで本をさがす

あった〜!

ねぇねぇ

図書かんの本は、どんなルールでならべられているの?

よし、このたなだ!

本だなをさがす

動物	宇宙	440
昆虫	天気	
爬虫類 480	地震 地球	450
魚	恐竜	
鳥	生物	460
	植物	470
	動物	480
	昆虫	

はてな?

本をきれいにならべてくれているのはだれかな?

かりた本を入れるカバンなどをもって行こう。

かりたい本のタイトルがわからないときや、かりる本をまよっているときは、司書さんにそうだんできるよ。

21

カウンターで本をかりよう！

かりたい本を見つけたら、いよいよ、本をかりる手つづきをするよ！
利用けんをじゅんびして、カウンターに行こう！

前のページの
つづきね！

カウンターへもって行き、本と利用けんをわたす

この本、かります！

はい、では利用けんを出してください。

中を見て、たしかめる

かりたい本はこれで
合っているかな？

よし、これを
かりるぞ！

かん内で読ん
でもいいよ！

すわって
読んでね！

本だなに、目当ての本が見つからないときは、かん内でだれかが読んでいるかもしれないよ。司書さんにそうだんしてみよう。

これは今度に
またしょっと…

本をたなにもどすときは、かならず
もとの場所にもどしてね。

本と利用けん、かし出しひょうをうけとる

今日は2さつ かりたよ！

貸 出 票

出力日　2021年10月11日
貸出館　中央　（047-486-2306）

貸出資料　　　　　　　返却期限日

どうぶつのからだ
820211902　　　　　　2021年11月23日

さがしてみよう！まったん
820234029　　　　　　2021年11月23日

かし出しひょうに、いつまでにかえさなくてはいけないか、書いてあるよ。

じどうで本をかりられるきかい「じどうかし出しき」もあるよ。
▶12ページを見てね！

はてな？

きかいで
どうやって
かりるの**かな？**

本をかえすときは？

かえす日に、おくれないようにしてくださいね。

カウンターへ本をもって行く

外のブックポストか、へんきゃく口に入れてもいいよ

▶24ページを見てね！

外のブックポストは図書かんがしまっているときでも、かえせるんだね！

利用けんをわすれたら、司書さんにそうだんしよう。名前などをつたえれば、かりられることがあるよ。

本をかえす日をのばすことができる場合があるよ。図書かんのホームページをチェックしよう。

23

？ もっと はっけん！

図書かんのつかいかたを知ってから、もう一度見てみたら、
新しいはっけんがたくさんあったんだ！

へんきゃく口に入れた本はどこへ？

返却口
1冊ずつ入れて下さい

まちのむかし話の本だ！

成田のむかしばなし

本の背表紙をよく見ると……

見つけただけじゃなく、
考えたことも
メモしておこう！

子ども用のトイレだ！

この**きかい**は何だろう？

しゃしんや動画は
近づいたり
はなれたりして
とってみよう！

⚠️ しゃしんや動画をとるときは、
まずは図書かんの人にことわろう。

司書さんは何をしているんだろう？

この**コーナー**は何だろう？

ぼくがくわしく
教えるよ！

図書かんの
ひみつを知れそう！

まだわからない
ことが
いっぱいだ！

**かん長さんに
聞いてみたよ！**

もっとわかったよ!

かん長さんが、ふしぎに思ったことのこたえや図書かんの
うらがわを教えてくれたよ!

下のはこにあつめられるんだ!

下のはこに入った本を、スタッフが整理するよ。

いろいろなまちのしりょうがある!

これは地図だよ!

動画もチェック!

むかし話のほかにも地図などまちのじょうほうを知ることができるよ。

シールがはってある!

動画もチェック!

375
サ

このシールは、本だなの整理にとてもやくに立つんだ。

▶28〜29ページを見てね!

はてな?

シールの数字やカタカナにはどんないみがあるんだろう?

よやくした本がうけとれるんだ！

本はよやくしておくこともできるよ。よやくした本は、きかいに利用けんをかざして、うけとることができるんだ。

動画もチェック！

かえされた本をたなにもどしている！

動画もチェック！

つぎの人がかりやすいように、本をたなにきれいにならべるんだ。

テーマに合わせて本がならべられていた！

動画もチェック！

図書かんがある千葉県八千代市の「市の花」がバラだから、バラの本をあつめたんだ。

ねぇねぇ

みんなのまちの図書かんにも、こんなコーナーはある？

まちの図書かんと、学校図書かん、どこがちがうの？

学校図書かんは、その学校にかよう子どもや先生しかつかえないことが多く、おいている本も子どもむけがほとんど。まちの図書かんは、まちの人たちならだれでもつかえるし、大人むけの本もあるよ。イベントをひらくこともあるんだ。

NDCで 本をさがしてみよう!

図書かんの本の分けかたには、きまりがあるんだよ。
このきまりを知ると、本がさがしやすくなるんだ!

工作の本を読みたいな〜!
どこにあるかな?

そんなとき、やくに立つのがNDC!
図書かんの本はNDCという3けたの数字のきごうがついているの。

本は日本十進分類法という分けかたで整理されていて、それをあらわすのがNDCなんだよ。

375
サ

もしかして、本の背表紙のシールにあった、3けたの数字かな?
くわしく知りたい!

1けた目（一番左の数字）
本の中身で、大きく10のなかまに分けるよ。

ハルトくんが読みたい工作の本は、「7 げいじゅつ」のなかまね!

| 7 | | |

0 　そう記
1 　てつ学
2 　れきし
3 　社会科学
4 　しぜん科学
5 　ぎじゅつ
6 　さんぎょう
7 　げいじゅつ
8 　言語
9 　文学

2けた目（まん中の数字）
さらにこまかく10に分けるよ。

げいじゅつについての本の中で分けると、工作の本は「5 工芸」のなかまなの。

```
7 5 □
```

0	げいじゅつ・びじゅつ
1	ちょうこく
2	絵画
3	はん画
4	しゃしん
5	工芸
6	音楽
7	えんげき
8	スポーツ・体育
9	しょげい・ご楽

3けた目（一番右の数字）
さらにしぼりこむよ。

工芸ついての本の中で分けると、工作の本は「4 木竹工芸」のなかまよ。

```
7 5 4
```

0	工芸
1	とうじ工芸
2	うるし工芸
3	せん色工芸
4	木竹工芸
5	ほう石・かがく・ひかく工芸
6	きん工芸
7	デザイン・そうしょくびじゅつ
8	びじゅつ家具
9	人形・がんぐ

図書かんによっては、じどう書コーナーなどは、1けた目の数字だけ、しめしていることもあるよ。

NDCは本の住所みたいなもの！

754とかかれたたなに、工作の本がたくさんあったよ！

\まちに/ 図書かんがあるのはどうして？

どうして、まちには図書かんがあるんだろう。考えてみよう！

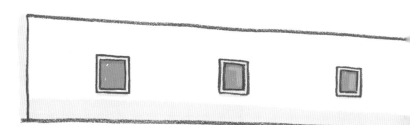

読みたい本について

そうだんできるからべんり！

図書かんへ行くことはできないから、
本をとどけてくれるサービスを
よく利用しているの。

まちのれきしについて
けんきゅうしているよ。
まちの古いしりょうがたくさんあるし、
**足りないしりょうは
リクエスト**
すると、じゅんびしてくれるから、
ありがたいね。

引っこしたときは
図書かんへ行けば、
**まちのべんりな
じょうほうを
あつめられるよ。**

**しゅみの本を
よくかりるわ。**
毎日の楽しみになっているの。

**小さな子どもへの
読み聞かせイベント**は、
かならずさんかしているのよ。

図書かんで
なかよくなった
友だちがいるの。

たてものの入り口や
トイレなど
いろいろなところが
**バリアフリーに
なっている**から、
利用しやすいわ。

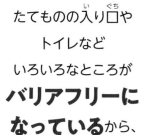

自しゅう室を
つかうと、
べんきょうが
はかどるんだ！

まちの 図書かんってこんなところ!

図書かんに行ってはっけんしたことを、カードにまとめたよ。

カードに
絵をかいたり、とったしゃしんをはったりしよう!

はっけん!

まちにすむ、いろいろな人が、

いろいろな目てきで

図書かんを利用していました。

はっけん!

図書かんには、本がたくさん

ありました。ぜんぶで本の数は

20万さつくらいあるそうです。

はっけん!

図書かんでは、司書さん

という人がはたらいていました。

本についてそうだんにのるし、

本のしゅう理もするそうです。

はっけん!

はっけん！

図書かんには、まちのしりょうが
たくさんありました。まちの
じょうほうを、すんでいる人に
つたえるためです。

はっけん！

図書かんには、本を読んだり、
べんきょうしたりする
読書せきがありました。

はっけん！

図書かんの中では、人のめいわくに
ならないように、しずかにすごす
ルールがありました。

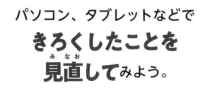

パソコン、タブレットなどで
**きろくしたことを
見直して**みよう。

まちの図書かんのこと、まとめよう！

今度は、図書かんに見学に行ってはっけんしたことをみんなでまとめるよ。
どんなまとめができるかな？

キーン コーン
カーン コーン

18

できたー!!

19

まちの図書かんが小学校や学どうクラブなどに、たくさんの本をまとめてかし出すこともあるよ。これを「だんたいかし出し」というんだ。

よく
できました!

わーい!

すごーい!!

20

その後

まちの図書かんは
こんな ところ だった!

べんきょう していた
大学生
地図をさがしていた
外国人
絵本をかりていた
小さな子ども

まちの人がたくさん来ていたよ!

イベントにさんかしていた!
赤ちゃんづれのおかあさん
司書さんに本のことをそうだんしていた
車いすの人

司書さん インタビュー!!
渡辺照美さん
Q 司書さんてどんなしごとですか?
A
Q なぜ司書さんになったんですか?
A

本のかりかた教えます
① けんさくする
② かん内図を見る
③ 本だなをさがす
④ 本をかりる

☆見つけた☆ 図書かんには まちのしりょうが いっぱい!
みん話
地図
れきしの本

まとめ
図書かんは まちの人の 生かつをささえている

図書かん
ぼくは本をよやくしてみたい!

大せいこう!
パチー

21

今度は DVD をかりようかな♪

22

37

\まちの/ じょうほうをしらべられる しせつ

図書かんのほかにも、まちのじょうほうをしらべられるしせつはいっぱいあるよ。れきし、しぜん、げいじゅつなど、知りたいテーマに合わせて、足をはこんでみよう！

きごうの見かた　●しょざい地　○電話番号　★かいかん時間　☆休かん日

＊ここでしょうかいしたしせつのほとんどは、年末年始は休かん日。
休かん日のきまりはしせつごとにちがうので、しらべてから出かけてね。

行ってみたい！

きょう土しりょうかん

むかしの道具などをてんじして、その土地のれきしをつたえるしせつ。まちのしりょうをまもり、けんきゅうするやく目もある。

しゃしんは…みよし風土記の丘ミュージアム（広島県立歴史民俗資料館）・みよし風土記の丘
●広島県三次市小田幸町122　○0824-66-2881　★資料館の見学は 9:00～17:00、外からの見学はいつでも　☆月ようび（おく外しせつは年中無休）

\ たとえば /
ふくげんされた、むかしの家を見学できる！

はくぶつかん

げいじゅつ作品から、しぜん科学のけんきゅうしりょうなど、はくぶつかんごとにいろいろなテーマをてんじしている。

しゃしんは…市立大町山岳博物館
●長野県大町市大町 8056-1　○0261-22-0211
★9:00 ～ 17:00（入かんは 16:30 まで）　☆月よう、しゅく日のつぎの日

\ たとえば /
まちにすむ野生どうぶつのことを学べる！

びじゅつかん

絵やちょうこくなど、びじゅつ作品をあつめててんじするしせつ。地いきでげいじゅつにとりくむ人をおうえんするやく目もある。

しゃしんは…青森県立美術館
●青森県青森市安田字近野185　○017-783-3000
★9:30～17:00（入かんは16:30まで）　☆だい2、だい4月よう

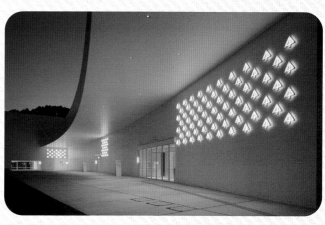

\ たとえば /
まちの人が、げいじゅつにふれられる！

科学かん

しぜんのしくみなどを学ぶ「しぜん科学」にかんするしりょうを、てんじするしせつ。まちのしぜんにふれるイベントなどを行うこともある。

しゃしんは…福岡市科学館
●福岡県福岡市中央区六本松 4-2-1　○092-731-2525
★9:30～21:30（ただし、てんじエリアによってちがう）
☆火よう

\ たとえば /
地いきのしぜんにふれられる！

さくいん

監修 田村 学
（國學院大學人間開発学部初等教育学科教授）

新潟県出身。新潟大学教育学部卒業。文部科学省初等中等教育局視学官などを経て、現職に。日本生活科・総合的学習教育学会副会長。文部科学省視学委員。生活科教科書（東京書籍）監修をつとめる。専門は、教科教育学（生活・総合的な学習の時間）、教育方法学、カリキュラム論。主な著書に『川のこえをきこう いのちを育てる総合学習』（童心社）や、『考えるってこういうことか！「思考ツール」の授業』（小学館）などがある。

撮影	渡邊春信
キャラクターイラスト	まつむらあきひろ
イラスト	上垣厚子
デザイン	chocolate.
動画撮影・編集	chocolate.
編集	西野 泉
校正	文字工房燦光
取材協力	TRC 八千代中央図書館

＊この本のイラストは、じっさいのしせつのようすとちがう場合があります。
＊この本でしょうかいしたしせつのじょうほうは、2022 年 3 月のものです。
＊しゃしんや動画に登場するスタッフのみなさんには、さつえいのときだけマスクを外してもらいました。
＊この本のQRコードから見られる動画は、お知らせなくないようをかえたり、サービスをおえたりすることがあります。

はっけん いっぱい！ まちのしせつ１ 図書かん

発 行	2022 年 4 月 第 1 刷
監 修	田村 学（國學院大學人間開発学部初等教育学科教授）
発行者	千葉 均
編 集	片岡陽子
発行所	株式会社ポプラ社
	〒102-8519 東京都千代田区麹町 4-2-6
	ホームページ www.poplar.co.jp（ポプラ社）
	kodomottolab.poplar.co.jp（こどもっとラボ）
印刷・製本	今井印刷株式会社

ISBN978-4-591-17289-6　N.D.C.375　39p　27cm　Printed in Japan
©POPLAR Publishing Co., Ltd. 2022

あそびをもっと、
まなびをもっと。

?!
こどもっとラボ

はっけん いっぱい！

まちのしせつ

全5巻

小学校低学年〜中学年向き
各39ページ　N.D.C.375
AB判　オールカラー

図書館用特別堅牢製本図書

ポプラ社はチャイルドラインを応援しています

18さいまでの子どもがかけるでんわ

チャイルドライン®

0120-99-7777

毎日午後**4**時〜午後**9**時 ※12/29〜1/3はお休み

チャット相談は
こちらから

電話代はかかりません
携帯（スマホ）OK

図書かんマップをかいたよ！

わたしが
かいたよ！

1かい

じむ室

司書さんが本の
しゅう理をしていた！

読書せき

本を読んでいる人が
たくさんいた！

ろう読室

ろく音室

学しゅう室

本だな

地いきしりょう
新聞など

？

レファレンス
コーナー

よやく本

カウンター

本をさがせる
きかいがあった！

ざっしコーナー

小せつ、図かん、じ書、
なんでもあった！

本だな

出たばかりのざっしも
あった！

学しゅう室

テラス

テラス

読書せき

トイレ

しちょう
かく室

グループ
学しゅう
室